Javier Navarro González
Matthias Ruiz Holst

Línea amarilla 2
Grammatisches Beiheft

Ernst Klett Verlag
Stuttgart · Leipzig

Inhalt

Unidad 1 (REPASO)

§ 1	*he encontrado, has conocido*	Formación y uso del pretérito perfecto Bildung und Gebrauch des Perfekt	5
§ 2	*creo que, sé que*	Subordinadas de objeto directo con *que* Objektsätze mit *que (dass)*	6
§ 3	*voy a venir*	El futuro próximo Die nahe Zukunft	6
§ 4	*¿ser, estar o hay?*	El uso de *ser, estar* y *hay* Der Gebrauch von *ser, estar* und *hay*	7
§ 5	*me, te, le…*	Los pronombres de objeto indirecto Die indirekten Objektpronomen (≈ Dativpronomen)	7
§ 6	*acabo de llegar*	*acabar de* + infinitivo *acabar de* + Infinitiv	8
§ 7	*tengo que estudiar, hay que trabajar*	*tener que* y *hay que* + infinitivo *tener que* und *hay que* + Infinitiv	9
§ 8	*cosas que hacemos*	Frases de relativo con *que* Relativsätze mit *que*	9
§ 9	*todo el día, otro año*	Los pronombres y adjetivos indefinidos *todo* y *otro* Die indefiniten Pronomen und Begleiter *todo* und *otro*	10
§ 10	*ésta, ésa y aquélla*	Los adjetivos y pronombres demostrativos Die Demonstrativbegleiter und -pronomen	11
§ 11	*mi amigo, nuestra casa*	Los adjetivos posesivos Die Possessivbegleiter	12
§ 12	*para vivir en Valladolid*	*para* + infinitivo *para* + Infinitiv	12

Unidad 2

§ 13	*estoy hablando, estás escuchando*	*estar* + gerundio *estar* + Gerundium	13
§ 14	*¿buen o bueno?*	La apócope de algunos adjetivos Die Verkürzung einiger Adjektive	14
§ 15	*primero, segundo*	Los números ordinales hasta 10 Die Ordnungszahlen bis 10	15

Unidad 3

§ 16	*lo, la, los, las*	Los pronombres de objeto directo Die direkten Objektpronomen (≈ Akkusativpronomen)	16
§ 17	*lo, le, se*	Diferencia en los pronombres de tercera persona Unterschiedliche Pronomen für die dritte Person	17
§ 18	*me despido, nos despedimos*	Verbos con cambio de vocal e → i Verben mit Vokaländerung e → i	18

Unidad 4

§ 19	*cuál, cuáles*	Los pronombres interrogativos *cuál/cuáles* y *qué* Die Interrogativpronomen *cuál/cuáles* und *qué*	19
§ 20	*antes de comer, después de cenar*	Subordinadas temporales con *antes de* y *después de* Temporalnebensätze mit *antes de* und *después de*	20
§ 21	*¿lo crees?*	El pronombre de objeto neutro *lo* Das neutrale Objektpronomen *lo*	21
§ 22	*quiero ducharme, estoy duchándome*	La colocación del pronombre con infinitivo, gerundio e imperativo Die Stellung der Pronomen beim Infinitiv, Gerundium und Imperativ	21
§ 23	*dificilísimo*	El superlativo absoluto con *-ísimo* Der absolute Superlativ auf *-ísimo*	23

Unidad 5

§ 24	*100 ... 1000*	Los números de cien a mil Die Zahlen von einhundert bis tausend	24
§ 25	*no ... nada*	La doble negación Die doppelte Verneinung	25
§ 26	*te digo que, me pregunto si*	El estilo indirecto sin cambiar el tiempo verbal Indirekte Rede ohne Zeitverschiebung	26

Unidad 6

§ 27	*más alto que, tan grande como*	El comparativo de los adjetivos Steigerung und Vergleich der Adjektive	27
§ 28	*el mejor del mundo*	El superlativo relativo de los adjetivos Der relative Superlativ der Adjektive	28
§ 29	*alguien, algún, ningún*	Adjetivos y pronombres indefinidos Unbestimmte Begleiter und Pronomen	28
§ 30	*mientras, durante*	La diferencia entre *mientras* y *durante* Der Unterschied zwischen *mientras* und *durante*	29
§ 31	*para mí, contigo*	Los pronombres personales con preposiciones Die Personalpronomen nach Präpositionen	30

Unidad 7

§ 32	*salí, miré y comprendí*	Formación del pretérito indefinido (verbos regulares) Bildung des *pretérito indefinido* (regelmäßige Verben)	31
§ 33	*hace dos días me duché, ayer me bañé*	Uso del pretérito indefinido Gebrauch des *pretérito indefinido*	32
§ 34	*1980 - mil novecientos ochenta*	Los números a partir de mil Die Zahlen ab eintausend	32

Unidad 8

§ 35	*fue y se divirtió*	Formas irregulares del pretérito indefinido Unregelmäßige Formen des *pretérito indefinido*	33
§ 36	*naturalmente*	Adverbios terminados en *-mente* Abgeleitete Adverbien mit der Endung *-mente*	34

Unidad 9

§ 37	*me lo, se la*	Dos pronombres de objeto con el verbo Zwei Objektpronomen beim Verb	35
§ 38	*llegó ayer y hoy no lo he visto*	El uso del pretérito perfecto y del pretérito indefinido Gebrauch von *pretérito perfecto* und *pretérito indefinido*	36

Unidad 10

§ 39	*Yo veré y tu me escribirás*	Formación y uso del futuro simple Bildung und Gebrauch des Futurs	37

Anhang

Merkmale des lateinamerikanischen Spanisch	39
Regelmäßige Verben und reflexive Verben	40
Unregelmäßige Verben, Gruppenverben und Verben mit orthografischen Änderungen	46
Deutsch-spanisches Verzeichnis grammatischer Ausdrücke	49

Abkürzungen und Zeichenerklärungen

[√] Aufgaben zur Selbstkontrolle

[!] Hinweise auf Fehlerquellen und Besonderheiten

← Rückverweis auf bereits Bekanntes

GBH LA1 Grammatisches Beiheft *Línea amarilla 1*

GBH LA2 Grammatisches Beiheft *Línea amarilla 2*

SB Schülerbuch

Unidad 1

§1 *he encontrado, has conocido*

Formación y uso del pretérito perfecto
Bildung und Gebrauch des Perfekts

Siehe § 28 GBH LA1.

Ya **he conocido** a un grupo de chicos.
He encontrado en Internet los horarios para ir en tren a Valladolid.
Cris, tú sólo **has visto** a chicos así en fotos.

Bildung des Perfekts:

Hilfsverb haber	+	Partizip Perfekt
he has ha hemos habéis han	+	habl**ado** (verbos en -ar) com**ido** (verbos en -er) sal**ido** (verbos en -ir)

[!] Die unregelmäßigen Formen des Partizip Perfekts kannst du in der Verbtabelle auf Seite 40 – 45 nachschlagen. (Zum Beispiel für *poner, hacer, …*)

Mit dem *pretérito perfecto* spricht man über vergangene Handlungen, wenn man einen Bezug zur Gegenwart herstellen will. Das kann sich auf einen bis heute relevanten Inhalt oder auf einen bis zur Gegenwart andauernden Zeitraum beziehen.

Antworte und verwende dabei das Perfekt.

1. Cristina, ¡ayuda a mamá! – (hasta ahora siempre, ayudar)
2. Mario, ¡quita los libros de la mesa! – (ya, quitar)
3. ¿Mario, cuándo vas a ver a los otros? – (ya, ver)
4. Tere, ¿cuándo acabas de leer el libro? – (todavía no, acabar)
5. Luis, ¡haz los deberes de alemán! – (hacer, esta tarde)

1. Cristina: «Hasta ahora siempre he ayudado a mamá.»
2. Mario: «Ya he quitado los libros de la mesa.»
3. Mario: «Ya he visto a los otros.»
4. Tere: «Todavía no he acabado de leer el libro.»
5. Luis: «He hecho los deberes de alemán esta tarde.»

§2 *creo que, sé que*

Subordinadas de objeto directo con *que*
Objektsätze mit *que (dass)*

Siehe § 30 GBH LA1.

Creo que voy a necesitar otra vez vacaciones.
Ya **sabes que** el abuelo en verano no soporta el calor de Valladolid.

Creo que Galicia es preciosa.	= Ich glaube, **dass** Galizien wunderschön ist. Ich glaube, Galizien ist wunderschön.

Die Konjunktion *que* ist im Spanischen immer erforderlich und wird **nicht** zwingend durch ein Komma abgetrennt.

Übersetze.

1. Ich glaube, dass es Alba nicht gut geht.
2. Wir denken, dass der Sommer in Galizien genial ist.
3. Glaubst du, dass Diego lustig und schön ist?

1. Creo que Alba no está bien.
2. Pensamos que el verano en Galicia es genial.
3. ¿Crees que Diego es divertido y guapo?

§3 *voy a venir*

El futuro próximo
Die nahe Zukunft

Siehe § 21 GBH LA1.

Voy a necesitar otra vez vacaciones.
Pronto **vamos a** volver a casa.
Os **vamos a** llevar una empanada.

ir a + Infinitiv
→ für zukünftige, bevorstehende Ereignisse
→ um eine Absicht auszudrücken

¿Qué van a hacer mañana? Bilde Sätze mit *ir a* + Infinitiv.

1. Mario / contestar a Laura
2. Cristina y Luis / escribir un mensaje a Alba
3. yo / ir en kayak
4. tú y yo / acostarse muy tarde
5. tú y el abuelo / comprar empanadas

1. Mario va a contestar a Laura.
2. Cristina y Luis van a escribir un mensaje a Alba.
3. Yo voy a ir en kayak.
4. Tú y yo nos vamos a acostar muy tarde.
5. Tú y el abuelo vais a comprar empanadas.

§4 *¿ser, estar o hay?*

El uso de *ser, estar* y *hay*
Der Gebrauch von *ser, estar* und *hay*

Siehe §§ 1, 13, 14, 22 GBH LA1.

En esta panadería **hay** empanadas que **están** muy ricas.
Las empanadas **son de** Galicia.
Por fin **estoy** en casa con mi familia.
Diego **es** muy guapo.

¿hay, estar o ser?

- **Ortsangabe** (es befindet sich, es gibt, stammen aus …)
  - **hay** unbestimmte Personen oder Sachen + Mengenangaben
  - **estar** bestimmte / bekannte Personen oder Sachen
  - **ser (de)** Herkunftsangaben
- **Eigenschaft oder Zustand**
  - **estar** vorübergehender Zustand
  - **ser** andauernde + charakteristische Eigenschaften

Bilde Sätze.

Diego Por fin Laura En Cedeira Alba	estar ser hay	muy guapo, -a. divertido, -a. en Marbella. en el hospital. muchos restaurantes. de Valladolid. muy nervioso, -a.

Diego es muy guapo / divertido.
Alba / Laura es muy guapa / divertida.
Por fin estoy en Marbella.
Alba está en el hospital.
En Cedeira hay muchos restaurantes.
Alba es de Valladolid.
Laura está muy nerviosa.

§5 *me, te, le …*

Los pronombres de objeto indirecto
Die indirekten Objektpronomen (≈ Dativpronomen)

Siehe §§ 31, 34, 37 GBH LA1.

Diego, un andaluz muy divertido, **me** encanta.
¿**Me** puedes responder pronto?
Os escribo pronto.

me
te
le
nos
os
les

Frage: wem?

Doppelung des Pronomens:
A mis amigos **les** escribo una carta.
Yo (**les**) escribo una carta a mis amigos.

Stellung:
- Pronomen + Infinitiv: **Me** acabo de levantar.
- Pronomen + konjugiertes Verb: **Te** escribo. / **Te** he escrito.
- bejahter Imperativ + Pronomen: Levánta**te**.

[!] Primero **les** pregunto a mis padres.
Preguntar verlangt im Spanischen ein indirektes Objekt!

[√] **Beantworte die Sätze und verwende indirekte Objektpronomen.**

1. Mario, ¿le escribes a tu primo? (no, a Cristina)
2. Cristina, ¿a tus abuelos les gustan las vacaciones en Cedeira? (sí)
3. Luis, ¿te encantan las colonias? (sí)
4. Mario: «Laura, ¿me has escrito un mensaje?» (no, un e-mail)
5. Cristina: «Alba, ¿qué nos cuentas de tu accidente?» (la verdad)

1. Mario: No, (le) escribo a Cristina.
2. Cristina: Sí, (a mis abuelos) les gustan las vacaciones allí / en Cedeira.
3. Luis: Sí, me encantan (las colonias).
4. Laura: «No, te he escrito un e-mail.»
5. Alba: «Os cuento la verdad.»

§6 *acabo de llegar*

acabar de + infinitivo
acabar de + Infinitiv

Siehe § 33 GBH LA1.

Mira qué postal tan bonita de Cedeira **acabamos de** comprar.
Nos **acabamos de** levantar ahora.

> Mit *acabar de* + Infinitiv *(gerade etwas getan haben)* kann man über die unmittelbare Vergangenheit sprechen. Anders als im *perfecto* muss die Handlung unmittelbar davor / gerade stattgefunden haben. Pronomen können vor dem konjugierten Verb stehen.

[√] **Übersetze.**

1. Sie hat gerade eine SMS geschrieben.
2. Deine Schwester hat soeben angerufen.
3. Bist du gerade aufgestanden?
4. Ich habe gerade einen tollen Jungen kennengelernt.

1. Acaba de escribir un mensaje.
2. Tu hermana acaba de llamar.
3. ¿Te acabas de levantar?
4. Acabo de conocer a un chico guay.

§7 *tengo que estudiar, hay que trabajar*

tener que y *hay que* + infinitivo
tener que und *hay que* + Infinitiv

Siehe § 32 GBH LA1.

tener que müssen	***hay que*** man muss

Übersetze.

1. Wir müssen antworten.
2. Man muss etwas tun.
3. Du musst nächstes Jahr auch mitkommen.

1. Tenemos que contestar.
2. Hay que hacer algo.
3. Tienes que venir también el año que viene.

§8 *cosas que hacemos*

Frases de relativo con *que*
Relativsätze mit *que*

Siehe § 16 GBH LA1.

Todo el día estamos con gente **que** son amigos o primos de Rafa.
Aquí hay empanadas **que** están muy ricas.

un chico una chica	**que**	es muy divertido, -a he conocido	ein Junge,	der sehr lustig ist den ich kennengelernt habe
			ein Mädchen,	das sehr lustig ist das ich kennengelernt habe

Relativpronomen *que* = unveränderlich

☑ **Übersetze die folgenden Satzteile.**

1. die Mädchen, die mir gefallen
2. die Briefe, die du liest
3. die Nachricht, die Ana Lucía geschrieben hat
4. die E-Mail, die ich schreibe

1. las chicas que me gustan
2. las cartas que lees
3. el mensaje que Ana Lucía ha escrito
4. el e-mail que escribo

§9 *todo el día, otro año*

Los pronombres y adjetivos indefinidos *todo* y *otro*
Die indefiniten Pronomen und Begleiter *todo* und *otro*

Siehe §§ 20, 29 GBH LA1.

	Dieciocho horas de viaje, pero **todo** bien.	**Todo** el día estamos con amigos o primos de Rafa.	Bueno, tía, ¿has visto a los **otros**?	Tienes que venir **otro** año, Cris.
	todo als Pronomen	**todo als Begleiter**	**otro als Pronomen**	**otro als Begleiter**
♂	**todo**	todo	otro	
♀		toda	otra	
♂♂	todos	todos	otros	
♀♀	todas	todas	otras	
	alles, alle	**der/die/das Ganze alle**	**ein/eine andere, -er, -es noch eine, -er, -es**	

todos los libros – alle Bücher
todas las casas – alle Häuser
Bedeutet *todos, -as* im Deutschen *alle*, steht im Spanischen **immer** der bestimmte Artikel.

Quiero otro helado.
Ich möchte noch ein Eis.
Quiero otro libro.
Ich möchte ein anderes Buch.
Vor *otro* steht **niemals** der unbestimmte Artikel.

☑ **Übersetze.**

1. Alle meine Freunde sind im Ferienlager.
2. Ich möchte ein anderes Fahrrad.
3. Cristina ist den ganzen Tag alleine zu Hause.
4. Ich erwarte noch eine Mail von Luis.

1. Todos mis amigos están en las colonias.
2. Quiero otra bicicleta.
3. Todo el día Cristina está sola en casa.
4. Espero otro e-mail de Luis.

§10 *ésta, ésa y aquélla* — Los adjetivos y pronombres demostrativos
Die Demonstrativbegleiter und -pronomen

Siehe § 25 GBH LA1.

Creo que, después de **estas** fiestas, voy a necesitar otra vez vacaciones.
Este año las colonias en los Pirineos son geniales.

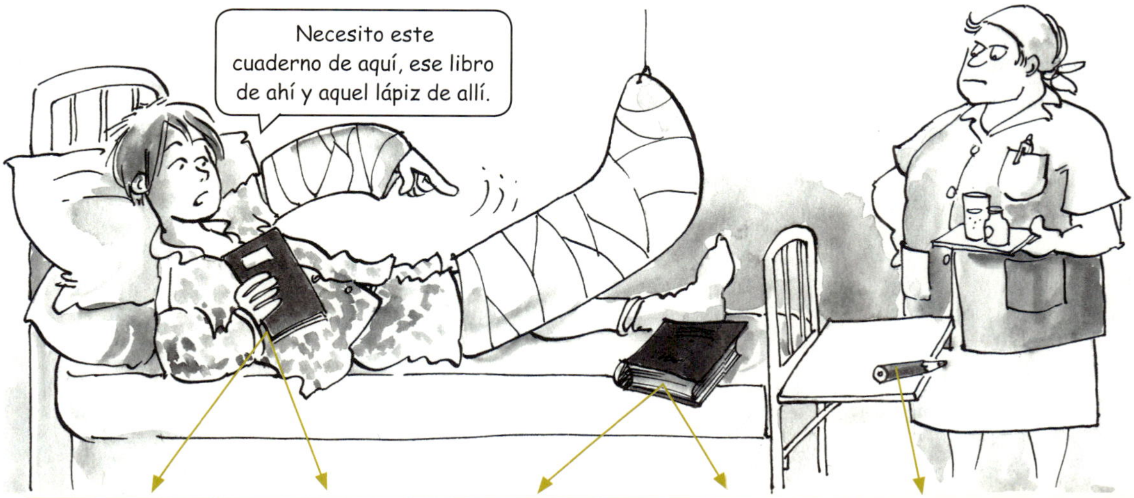

Begleiter	Pronomen	Begleiter	Pronomen	Begleiter	Pronomen
este hotel **esta** noche **estos** hoteles **estas** noches	**éste** **ésta** **éstos** **éstas**	**ese** hotel **esa** noche **esos** hoteles **esas** noches	**ése** **ésa** **ésos** **ésas**	**aquel** hotel **aquella** noche **aquellos** hoteles **aquellas** noches	**aquél** **aquélla** **aquéllos** **aquéllas**
→ **aquí** Objekte, die sich direkt beim Sprecher befinden.		→ **ahí** Objekte, die sich beim Angesprochenen oder in einer nicht allzu großen Entfernung zum Sprecher befinden.		→ **allí** Objekte, die sich in deutlicher Entfernung zum Sprecher befinden.	

Die **Demonstrativbegleiter** und **-pronomen** richten sich in Geschlecht und Zahl nach dem Substantiv.
Die **Demonstrativpronomen** tragen zur Unterscheidung einen Akzent.

♂ pl.
est-o-s chic-o-s

Ersetze die fettgeschriebenen Wörter durch Demonstrativbegleiter / -pronomen.

1. ¡Mira aquí! **El** chico es muy guapo.
2. **Hoy por la** tarde vamos a ir en kayak.
3. Me gusta el abrigo **que está allí**.
4. ¿El abrigo **ahí**? No sé, no me gusta mucho.

1. ¡Mira aquí! Este chico es muy guapo.
2. Esta tarde vamos a ir en kayak.
3. Me gusta aquel abrigo.
4. ¿Ese abrigo? No sé …

§11 *mi amigo, nuestra casa*

Los adjetivos posesivos
Die Possessivbegleiter

Siehe § 9 GBH LA1.

Por fin estoy en casa con **mi** familia.
Es difícil y sé que no puedes vivir sin **tu** hermano preferido.
¿Qué tengo que llevar para vivir en **vuestra** casa?

♂	♀		♂♂	♀♀	
mi	mi		mis	mis	
tu	tu		tus	tus	
su	su	amigo	sus	sus	amigos
nuestro	nuestra	amiga	nuestros	nuestras	amigas
vuestro	vuestra		vuestros	vuestras	
su	su		sus	sus	

Die Possessivbegleiter richten sich in Geschlecht und Zahl nach dem Substantiv, auf das sie sich beziehen.

Übersetze die folgenden Ausdrücke.

meine Schwester / unser Brief / eure Großmutter / dein Handy / seine Augen

mi hermana / nuestra carta / vuestra abuela / tu móvil / sus ojos

§12 *para vivir en Valladolid*

***para* + infinitivo**
***para* + Infinitiv**

Siehe § 27 GBH LA1.

Ya he encontrado en Internet los horarios **para** <u>ir</u> en tren a Valladolid.
¿Y qué tengo que llevar **para** <u>vivir</u> en vuestra casa?

Voy al mercado **para comprar** empanadas.

Ich gehe auf den Markt, **um** Pasteten **zu kaufen.**

Mit der Präposition *para* kann man Nebensätze mit einem Infinitiv bilden, die den Stil erheblich verbessern.

Übersetze und verwende dabei *para* + Infinitiv.

1. Ich gehe nach Kolumbien, um meine Familie zu sehen.
2. Wir machen ein Feuer, um nicht zu frieren.
3. Um auszugehen, brauche ich ein neues Kleid.

1. Voy a Colombia para ver a mi familia.
2. Hacemos un fuego para no tener frío.
3. Para salir necesito un vestido nuevo.

Unidad 2

§13 *estoy hablando, estás escuchando* — *estar* + gerundio / *estar* + Gerundium

Cristina **se está quejando**.
Hola, papá, **estoy escribiendo** una redacción.
Estáis viviendo juntas en un dormitorio.

Bildung des *gerundio*

habl**ar** → habl**ando** beb**er** → beb**iendo** sal**ir** → sal**iendo**	Bei regelmäßigen Verben wird die Infinitivendung *-ar* durch *-ando* und *-er* / *-ir* durch *-iendo* ersetzt.
leer → le**yendo** oír → o**yendo** creer → cre**yendo** ir → **yendo**	Die Endung *-iendo* wird zu *-yendo*, um zu vermeiden, dass drei Vokale aufeinander treffen. Das *gerundio* des Verbes *ir* lautet einfach *yendo*.
d**o**rmir → d**u**rmiendo p**o**der → p**u**diendo pref**e**rir → pref**i**riendo v**e**nir → v**i**niendo div**e**rtirse → div**i**rtiendo d**e**cir → d**i**ciendo s**e**ntirse → s**i**ntiendo	Bei diesen Verben, die ihr bereits gelernt habt, ändert sich der Stammvokal im Gerundium. Das ist aber nicht bei allen Verben mit Diphthongierung *o* → *ue* / *e* → *ie* oder mit Vokalwechsel *e* → *i* der Fall. Deshalb müsst ihr diese Information bei diesen Verben mitlernen. (Siehe Verbtabelle auf Seite 40 – 45.)

Mit *estar* + *gerundio* beschreibt man eine Handlung, die sich gerade vollzieht.
Die Verbkonstruktion *estar* + *gerundio* entspricht dem deutschen *etwas gerade tun* oder *dabei sein, etwas zu tun*.

[√] **Übersetze und verwende *estar + gerundio*.**

1. Sie schreibt gerade einen Aufsatz.
2. Sie reiten gerade.
3. Cristina und Laura schlafen noch.
4. Wir sind dabei, ins Gymnasium zu gehen.
5. Hörst du mich?
6. Cristina schließt die Vorhänge.

1. Está escribiendo una redacción.
2. Están montando a caballo.
3. Cristina y Laura están durmiendo todavía.
4. Estamos yendo al instituto.
5. ¿Me estás oyendo?
6. Cristina está cerrando las cortinas.

§14 *¿buen o bueno?*

La apócope de algunos adjetivos
Die Verkürzung einiger Adjektive

¡Qué **mal** día, cómo está lloviendo!
Hoy ha sido el **primer** día con Felipe, el profe de lengua.
Hoy es el **tercer** día de Laura en casa de los Alonso.

mal**o**	→ un mal año	aber	un año malo
buen**o**	→ un buen comienzo	aber	un comienzo bueno
primer**o**	→ el primer día	aber	Juan es el primero.
tercer**o**	→ el tercer piso	aber	El tercero es Jaime.

Einige Adjektive – wie *bueno* und *malo* – sowie die Ordnungszahlen stehen meist vor dem Substantiv.
Diese Adjektive verlieren ebenso wie die Ordnungszahlen *primero* und *tercero* ihr *-o* wenn sie vor einem männlichen Substantiv im Singular stehen.

[√] **Setze das passende Adjektiv ein.**

Después de dos meses, es mi [1] mes en España.
Es un [2] libro: es muy aburrido.
Estoy nerviosa porque es mi [3] día en el colegio.
Hoy es un [4] día: hace mucho sol.
Vais a ser [5] amigas.

(1) tercer
(2) mal
(3) primer
(4) buen
(5) buenas

§15 *primero, segundo*

Los números ordinales hasta 10
Die Ordnungszahlen bis 10

No ha hecho su cama. ¡Y ya es la **segunda** vez!
Juan es el vecino del **quinto** piso.
Hoy es el **tercer** día de Laura en Valladolid.

1er / 1° / 1^{a}	primer, -o, -a
2° / 2^{a}	segundo, -a
3er / 3° / 3^{a}	tercer, -o, -a
4° / 4^{a}	cuarto, -a
5° / 5^{a}	quinto, -a
6° / 6^{a}	sexto, -a
7° / 7^{a}	séptimo, -a
8° / 8^{a}	octavo, -a
9° / 9^{a}	noveno, -a
10° / 10^{a}	décimo, -a

> Die Ordnungszahlen sind veränderlich wie die Adjektive auf *-o*. Sie stehen meist vor dem Substantiv und passen sich in Zahl und Geschlecht daran an.

[!] *Primero* und *tercero* verlieren das *-o* vor einem maskulinen Substantiv im Singular (vgl. §14 GBH LA2).

[√] **Ersetze die Ziffern durch Ordnungszahlen.**

1. Es la **1** vez que salimos juntos.
2. Yo vivo en el **3** piso y tú en el **10**.
3. Hoy es el **1** de octubre.
4. He visto en la escalera al vecino del **2** piso.
5. Es la **5** semana del Festival de Cine en Valladolid.

5. quinta
4. segundo
3. primero
2. tercer, décimo
1. primera

Unidad 3

§16 *lo, la, los, las*

Los pronombres de objeto directo
Die direkten Objektpronomen (≈ Akkusativpronomen)

Du kennst bereits die indirekten Objektpronomen (vgl. § 31 GBH LA1). Jetzt lernst du die direkten Objektpronomen kennen.

Un camarero trae la carta. Laura **la** mira.
Mario y Cristina están hablando. Laura casi no **los** oye.
Perdón, guapas, **os** molesto un momento.

Él	**me** **te** **la/lo** **nos** **os** **las/los**	entiende.

Im Allgemeinen entspricht das spanische direkte Objekt dem deutschen Akkusativobjekt. Es antwortet auf die Frage *Wen?* Als Pronomen steht es im Spanischen vor dem konjugierten Verb.

[!]

direkte Objektpronomen	indirekte Objektpronomen
me	me
te	te
la/lo	le
nos	nos
os	os
las/los	les

[!] Anders als im Deutschen verlangen die Verben *ayudar* und *escuchar* im Spanischen ein direktes Objekt.

Yo **la** ayudo. Ich helfe **ihr**.
Él **la** escucha. Er hört **ihr** zu.

Steht das direkte Objekt am Satzanfang, so muss man das Pronomen <u>**zusätzlich**</u> benutzen:

Guardamos <u>las muñecas</u> aquí. ↔ Las muñecas **las** guardamos aquí.

Übersetze.

1. Der Kellner schaut mich an.
2. Wo sind die Schüsseln? Siehst du sie?
3. Ich helfe ihr mit den Getränken.
4. Entschuldigung, Frau Díaz, störe ich Sie?
5. Juan sehe ich dort.

1. El camarero me mira/me está mirando.
2. ¿Dónde están los cuencos? ¿Los ves?
3. La ayudo con las bebidas.
4. Perdón, señora Díaz, ¿la molesto?
5. A Juan lo veo allí.

§17 *lo, le, se*

Diferencia en los pronombres de tercera persona
Unterschiedliche Pronomen für die dritte Person

Du kennst bereits die Pronomen für das direkte Objekt (§ 16 GBH LA2), die Pronomen für das indirekte Objekt (§ 31 GBH LA1) und die Reflexivpronomen (§ 23 GBH LA1). Achte jetzt auf die Unterschiede.

Laura y Cristina siguen hablando. Mario **las** mira.
El camarero **les** da la carta.
En una mesa tres chicos **se** despiden.

direkte Objekt-pronomen	indirekte Objekt-pronomen	Reflexiv-pronomen
	me	
	te	
lo / la	le	se
	nos	
	os	
los / las	les	se

Die Reflexivpronomen und die Pronomen für das direkte und indirekte Objekt sind nur in der 3. Person Sg. + Pl. unterschiedlich. Ansonsten sind sie gleich.

Yo **me** levanto.
Mi madre **me** trae el desayuno.
Mi padre **me** mira.

Mi gata Lola **se** levanta.
Mi madre **le** da la leche.
Mi padre **la** mira.

[!] In vielen Regionen Spaniens wird für das direkte Objekt *le/les* anstatt *lo/los* verwendet, wenn es sich auf Personen bezieht. Dies gilt auch bei der Anrede mit *usted*.
«**Les** voy a llamar, señores.»

[√] **Schreibe die richtigen Pronomen der 3. Person.**

Por la mañana Juan (1) levanta a las ocho y después (2) ducha. Cuando entra en el comedor, sus padres (3) saludan y (4) dan un beso. Después su padre (5) trae el desayuno. Cuando Juan termina el desayuno, (6) despide y (7) va al instituto.

1. se; 2. se; 3. lo; 4. le; 5. le; 6. se; 7. se

§18 *me despido, nos despedimos* — Verbos con cambio de vocal *e → i* / Verben mit Vokaländerung *e → i*

Cristina **elige** centollo. (elegir)
Laura y Cristina **siguen** hablando. (seguir)
El padre dice: «A ver, ¿qué **pido**?». (pedir)

Du kennst bereits die diphthongierenden Verben mit Vokalwechsel *e → ie* und *o → ue* (vgl. §§ 17, 19 GBH LA1). Eine weitere Gruppe von Verben wechselt den Stammvokal *e → i* bei den gleichen Personen.

	pedir	
Yo	pido	marisco.
¿Qué	pides	para beber?
Cristina	pide	centollo.
Nosotros	! pedimos	después, por favor.
¿Por qué no	! pedís	ya?
Los chicos	piden	agua.
	e → i	

Pedir gehört zu den Gruppenverben mit Vokalwechsel von *e* → *i*.
Weitere Verben dieser Gruppe sind z. B. *seguir, elegir, servir, repetir, despedirse* und *decir (digo)*.
→ Verbtabelle, S. 40 – 45

[!] Diese Verben bilden das *gerundio* mit einem *i* im Stamm: *estoy pidiendo, eligiendo …*

[√] **Bilde Sätze im Singular wie im Beispiel.**

Ejemplo: ¿Elegís vosotros? → ¿Eliges tú?

1. Nosotros pedimos tortilla.
2. ¿Se despiden ustedes?
3. Vosotros repetís la clase.
4. Vosotros pedís agua con gas.
5. ¿Para qué sirven?

1. Yo pido tortilla.
2. ¿Se despide usted?
3. Tú repites la clase.
4. Tú pides agua con gas.
5. ¿Para qué sirve?

Unidad 4

§19 *cuál, cuáles*

Los pronombres interrogativos *cuál / cuáles* y *qué*
Die Interrogativpronomen *cuál / cuáles* und *qué*

Das Interrogativpronomen *qué* kennst du bereits. Man verwendet es in der Bedeutung von *was*. Hier lernst du einen weiteren Gebrauch von *qué*.

Un monumento no está terminado. ¿**Cuál** es?
Hay que ir a un museo. ¿A **cuál** vamos?
¿**Qué** museos hay? ¿**Cuáles** están cerca de aquí?

Hay cinco museos.
¿A **cuáles** vamos?
¿**Cuál** de los cinco está cerca?

Cuál/Cuáles fragt nach Gegenständen oder Personen aus einer Gruppe von bekannten Möglichkeiten.

¿A **qué** museo vamos?
¿**Qué** museos prefieres?

Wenn das Pronomen ein Substantiv begleitet, verwendet man *qué*.

☑ **Verwende *cuál / cuáles* oder *qué*.**

¿(1) casa es de Gaudí?
De las dos casas, ¿(2) es de Gaudí?
¿(3) alumnos vienen a la fiesta?
¿(4) es de Tobias: el abrigo verde o el azul?
Hay muchos bocadillos: ¿(5) son de tortilla?

(1) Qué
(2) cuál
(3) Qué
(4) Cuál
(5) cuáles

§20 *antes de comer* *después de cenar* — Subordinadas temporales con *antes de* y *después de* / Temporalnebensätze mit *antes de* und *después de*

Antes de responder las preguntas, miran el plano.
Después de terminar las preguntas, van a la Plaza Real.
Tenemos que ver el museo del Barça **antes de irnos**.

Escúchame **antes de irte.** Hör mir zu, **bevor du weggehst**.
Después de estudiar, veo la televisión. **Nach dem Lernen** sehe ich fern.
después de **antes de** + **Infinitiv**

Mit den Präpositionen *antes de* und *después de* kann man Nebensätze mit einem Infinitiv bilden. Im Spanischen ist ein Komma vor dem Nebensatz nicht üblich, danach aber schon.

[!] Die Objekt- und Reflexivpronomen werden an den Infinitiv angehängt, da kein konjugiertes Verb vorhanden ist (vgl. **§ 22** GBH LA2).

☑ **Übersetze und verwende *antes de / después de* + Infinitiv.**

1. Bevor du redest, musst du (nach-)denken.
2. Hilf mir, bevor du weggehst.
3. Putzt euch die Zähne nach dem Frühstück!

1. Antes de hablar, tienes que pensar.
2. Ayúdame antes de irte.
3. Después de desayunar, lavaos los dientes.

§21 *¿lo crees?*

El pronombre de objeto neutro *lo*
Das neutrale Objektpronomen *lo*

Die neutralen Demonstrativpronomina *esto* und *eso* kennst du bereits. Jetzt lernst du ein weiteres neutrales Pronomen kennen.

¿Qué te ha dicho? ¿**Lo** has entendido?
Aquí todo es genial, **lo** sé.

—¿Quieres venir a la fiesta?
—No **lo** sé. **Lo** tengo que pensar.
—¿Crees que va a venir?
—Sí, sí **lo** creo.

Das Pronomen *lo* als direktes Objekt kann sich nicht nur auf ein maskulines Nomen im Singular beziehen, sondern auch auf einen Sachverhalt oder auf einen ganzen Satz. Es entspricht dann dem deutschen *es*.

Ersetze die unterstrichenen Satzteile durch *lo*.

1. ¿Sabes que la Casa Milà es de Gaudí?
2. Creo que el Museo Picasso está en Barcelona.
3. He visto que Andrés tiene muchos cedés en su habitación.
4. Di que no quieres ir a su casa.

1. ¿Lo sabes?
2. Lo creo.
3. Lo he visto.
4. Dilo.

§22 *quiero ducharme, estoy duchándome*

La colocación del pronombre con infinitivo, gerundio e imperativo
Die Stellung der Pronomen beim Infinitiv, Gerundium und Imperativ

In Band 1 von *Línea amarilla* hast du bereits die Möglichkeit kennengelernt, die Pronomen beim Infinitiv voranzustellen (Te quiero invitar.) und beim bejahten Imperativ anzuhängen (¡Cámbiate!).

La Sagrada Familia es muy conocida y hay que ver**la**.
Imagina**os**: podemos sentar**nos** en el banquillo.
Están despidiéndo**se** de alguien.
Sólo **lo** quiero mirar un momento.

1. Wiederholung: Stellung der Pronomen beim Imperativ

Llamad**me** por teléfono.
Levánta**te**.
Levant**aos** y vest**íos**.

Objekt- und Reflexivpronomen werden an den Imperativ angehängt. Das *d* entfällt in der 2. Person Plural der reflexiven Verben.

2. Stellung der Pronomen beim Gerundium

Sigo queriéndo**te**. Estoy mandándo**le** un e-mail.	**Te** sigo queriendo. **Le** estoy mandando un e-mail.

Das Objekt- oder Reflexivpronomen beim Gerundium steht entweder vor dem konjugierten Verb oder wird (wie beim Imperativ) an das Gerundium angehängt.

[!] Achte auf die Regeln zur Betonung und Akzentsetzung wenn die Pronomen an das Gerundium oder an den Imperativ angehängt werden.

3. Stellung der Pronomen beim Infinitiv

Quiero duchar**me**. Tenemos que decir**le** algo.	**Me** quiero duchar. **Le** tenemos que decir algo.

Wie beim Gerundium steht in Sätzen mit Verb + Infinitiv das Objekt- oder Reflexivpronomen entweder vor dem konjugierten Verb oder wird an den Infinitiv angehängt.

[!]

Antes de **irnos**, quiero ver su casa. Gracias por **traerlas**. Estudio para **aprenderlo**.	Wenn der Infinitiv allein steht, muss das Pronomen angehängt werden.

4. Übersicht

Pronomen wird ...	bejahter Imperativ	Gerundium	Infinitiv
immer angehängt	¡Llamádme!	–	Gracias por <u>escucharme</u>.
angehängt oder	–	Sigo queriéndote.	Quiero ducharme.
vorangestellt	–	Te sigo queriendo.	Me quiero duchar.

[√] **Stelle, wo es möglich ist, das Pronomen um und achte auf die Akzentverschiebung / Betonungsänderung.**

1. Sigo viéndo**te**.
2. **Nos** acabamos de acostar.
3. Después de contestar**le**, lo entendió.
4. **Lo** estamos pensando.
5. ¡Cómpra**lo**!

1. **Te** sigo viendo.
2. Acabamos de acostar**nos**.
3. Umstellung nicht möglich!
4. Estamos pensándo**lo**.
5. Umstellung nicht möglich!

§23 *dificilísimo*

El superlativo absoluto con *-ísimo*
Der absolute Superlativ auf *-ísimo*

La Sagrada Familia es **conocidísima**.
Las dos obras de Gaudí son **interesantísimas**.
Otros cuadros de Picasso son **rarísimos**.

Konsonant am Ende:	fácil → facil**ísimo, -a, -os, -as**	sehr leicht
Vokal am Ende:	nervioso → nervios**ísimo, -a, -os, -as**	sehr nervös

Der absolute Superlativ wird gebildet indem die Endungen *-ísimo, -a, -os, -as* an den Stamm des Adjektivs angehängt werden.

[!] Achtung! Wenn man die Endung *-ísimo, -a, -os, -as* an den Stamm des Adjektivs anhängt, kann sich die Schreibweise ändern.

simpáti**ca** → simpati**qu**ísima ([k] vor *i/e* → *qu*)
lar**go** → lar**gu**ísimo ([g] vor *i/e* → *gu*)

[√] **Bilde den absoluten Superlativ.**

1. Los verbos españoles son **muy difíciles**.
2. Juan está **muy cansado**.
3. Mi prima es **muy guapa**.
4. Tengo **muy poco** dinero.

1. Los verbos españoles son **dificilísimos**.
2. Juan está **cansadísimo**.
3. Mi prima es **guapísima**.
4. Tengo **poquísimo** dinero.

Unidad 5

§24 *100 . . . 1000* — Los números de cien a mil / Die Zahlen von einhundert bis tausend

La estación de autobuses está a unos **cuatrocientos** o **quinientos** metros.
Estamos lejísimos de Valladolid, a **doscientos setenta** kilómetros.

100	**cien**
101	**ciento uno**
200	**doscientos, -as**
300	**trescientos, -as**
400	**cuatrocientos, -as**
500	**quinientos, -as**
600	**seiscientos, -as**
700	**setecientos, -as**
800	**ochocientos, -as**
900	**novecientos, -as**
1000	**mil**

Die Zahl 100 lautet auf Spanisch *cien*. Von 101 bis 199 sagt man *ciento* anstatt *cien: ciento uno, ciento dos, ciento tres … ciento noventa y nueve.*

Nach den Hundertern steht anders als im Deutschen (einhundert und zehn) niemals die Konjunktion *y*.

número		♂♂ **chicos**	♀♀ **chicas**
21	veintiuno	veinti**ún**	veintiun**a**
31	treinta y uno	treinta y **un**	treinta y un**a**
100	cien	cien	cien
102	ciento dos	ciento dos	ciento dos
200	doscientos	doscient**os**	doscient**as**
221	doscientos veintiuno	doscient**os** veinti**ún**	doscient**as** veintiun**a**

Die Zahl *ciento* ist unveränderlich: *ciento dos chicos* oder *ciento veinte chicas.* Ab *doscientos, -as* ist die Hunderterzahl veränderlich, ebenso wie *uno, una* und alle damit zusammengesetzten Zahlen:

*221 chicos y chicas = doscient**os** veinti**ún** chicos y doscient**as** veinti**una** chicas*

[!] *Uno* wird vor einem männlichen Substantiv im Singular oder Plural zu *un*.
Diese Verkürzung erfolgt auch bei allen anderen Zahlen mit *uno (veintiún cedés, cuarenta y un libros).* Als Zahlen stehen *uno* und *una* nie im Plural.

Schreibe folgende Zahlen aus.

1. 237
2. 481
3. 256
4. 381 personas
5. 122 metros
6. 181 euros

1. doscientos treinta y siete – 2. cuatrocientos ochenta y uno – 3. doscientos cincuenta y seis – 4. trescientas ochenta y una personas – 5. ciento veintidós metros – 6. ciento ochenta y un euros

§25 *no ... nada*

La doble negación
Die doppelte Verneinung

No lo va a saber **nadie**.
No hay **ni** tren **ni** autobús.
Yo **tampoco** he comprado bebidas.

No me gusta **tampoco**.
Luis **no** llega tarde **nunca**.
No me quiere **nadie**.
No me gusta **nada**.

Wenn ein verneinendes Wort **nach dem Verb** steht, muss **vor dem Verb** zusätzlich *no* stehen.

Tampoco me gusta.
Luis **nunca** llega tarde.
Nadie me quiere.
Nada me gusta.

Wenn das verneinende Wort **vor dem Verb** steht, verwendet man **kein** zusätzliches *no*.

Verneinende Wörter: *nada, nadie, ninguno, tampoco, nunca, ni ...*

[!] Auf Spanisch verwendet man falls nötig mehr als zwei verneinende Wörter in einem Satz.

Bilde Sätze mit doppelter Verneinung.

1. **Nunca** visito a mis primos.
2. **Nadie** tiene el horario.
3. **Tampoco** podemos ir a Nájera.
4. Aquí **nada** me gusta.
5. **Ni** Paola **ni** Adrián tienen dinero.

1. No visito nunca a mis primos.
2. No tiene nadie el horario.
3. No podemos ir tampoco a Nájera.
4. Aquí no me gusta nada.
5. No tienen dinero ni Paola ni Adrián.

§26 *te digo que, me pregunto si* — El estilo indirecto sin cambiar el tiempo verbal / Indirekte Rede ohne Tempusverschiebung

Mi padre me ha contado **que** su prima vive cerca de aquí.
Cristina pregunta **si** sus padres van a venir a buscarlos.
Le voy a preguntar **cuándo** pasa el próximo tren.

direkte Rede →	indirekte Rede
Dice: «Tengo hambre» →	**Dice que** tiene hambre.
María **pregunta**: «¿Puedo comer?» →	María **pregunta si** puede comer.
El niño **pregunta**: «¿**Cuándo** comemos?» →	El niño **pregunta cuándo** comemos.

Um die indirekte Rede einzuleiten verwendet man die Konjunktionen *que* (bei Aussagen) oder *si* (bei Fragen). Die Konjunktion *que* entspricht dem deutschen *dass* und *si* dem deutschen *ob*. Wird eine Frage mit Fragewort gestellt, verwendet man in der indirekten Rede dasselbe Fragewort (ebenfalls mit Akzent!).

direkte Rede →	indirekte Rede
Le pregunto: «¿**Quieres** comer también?» →	Le pregunto si **quiere** comer también.
Ernesto ha respondido: «**Está** muy rico». →	Ernesto ha respondido que **está** muy rico.
El niño va a decir: «¡No me **ha gustado**!» →	El niño va a decir que no le **ha gustado**.

Wenn das einleitende Verb im Präsens, Perfekt oder Futur (*ir a* + Infinitiv) steht, ändert sich die Zeit des Verbs in der indirekten Rede nicht.

[!] Él ha dicho: «**Me** estoy poniendo **mi** abrigo». → Él ha dicho que **se** está poniendo **su** abrigo.
Wenn du direkte in indirekte Rede verwandelst, vergiss nicht die Personalpronomen anzupassen!

[√] **Verwandle die Sätze mit direkter Rede in indirekte Rede.**

1. Vosotros decís: «No ha pasado nada».
2. Yo te pregunto: «¿Estás cansado?».
3. Ella ha dicho: «Soy una cobardica».
4. Ana va a preguntar: «¿Dónde estamos?».
5. Tú dices: «No tengo mi billete».

1. Vosotros decís que no ha pasado nada.
2. Te pregunto si estás cansado.
3. Ella ha dicho que es una cobardica.
4. Ana va a preguntar dónde estamos.
5. Tú dices que no tienes tu billete.

Unidad 6

§27 *más alto que* *tan grande como* — El comparativo de los adjetivos / Steigerung und Vergleich der Adjektive

El ambiente es **menos** espectacular, pero **más** animado **que** en Valladolid.
Tu padre es **peor que** tú.
Luis, eres **tan** alto **como** tu padre.

Ungleichheit	Gleichheit
Estoy **más** cansada **que** tú. Este pueblo es **menos** conocido.	Es **tan** guapo **como** Antonio Banderas. Son **tan** desordenadas **como** sus hermanos.
más/menos + adj. + que	**tan + adj. + como**

[!] Die Adjektive *bueno* und *malo* sowie die Adverbien *bien* und *mal* haben unregelmäßige Steigerungsformen:

☺ *bueno / bien* → ***mejor*** ☹ *malo / mal* → ***peor***

[√] **Bilde Sätze (= tan ; + más; - menos).**

Ellas	están son	= alto + malo = triste – nervioso + aburrido	que como	nosotros.

Ellas son tan altas como nosotros.
Ellas son peores que nosotros.
Ellas están tan tristes como nosotros.
Ellas están menos nerviosas que nosotros.
Ellas están más aburridas que nosotros.

§28 *el mejor del mundo* — El superlativo relativo de los adjetivos / Der relative Superlativ der Adjektive

Nájera durante el año es **el** lugar **más aburrido** del mundo.
A lo mejor Nájera no tiene **las mejores** fiestas, pero sin duda aquí la gente quiere ser **la más amable**.

Der Superlativ der Adjektive wird folgendermaßen gebildet:

einfache Aussage	Son	fiestas		divertidas.
Komparativ	Son	fiestas	más	divertidas que …
Superlativ	Son **las**	fiestas	**más**	**divertidas** de La Rioja.
Bildung des Superlativs	**best. Artikel / Possessivbegleiter** (mi, tu, su …)	**+ Substantiv**	**+ más / menos**	**+ Adjektiv**

Die Superlative von *bueno* und *malo* heißen *peor* und *mejor* und werden meist vor das Substantiv gestellt.

*Hoy es **el mejor día** del año.*
*Es **la peor amiga** que conozco.*

[!] Den Superlativ erkennt man daran, dass im Gegensatz zum Vergleich (Komparativ) **vor** dem Adjektiv ein **bestimmter Artikel** oder **Possessivbegleiter** steht.

Übersetze.

1. Es ist das schönste Dorf auf der Welt.
2. Mein Koffer ist der größte.
3. Du bist mein bester Freund.
4. Er ist der am wenigsten lustige Mensch, den ich kenne.
5. Heute ist der schlimmste Tag meines Lebens.

1. Es el pueblo más bonito del mundo.
2. Mi maleta es la más grande.
3. Tú eres mi mejor amigo.
4. Es la persona menos divertida que conozco.
5. Hoy es el peor día de mi vida.

§29 *alguien, algún, ningún* — Adjetivos y pronombres indefinidos / Unbestimmte Begleiter und Pronomen

No hay **ningún** problema.
Algunos están bailando, otros mirando.
Alguien llama a Luis.

Du weißt bereits, dass der unbestimmte Begleiter *otro* auch als Pronomen verwendet werden kann (vgl. **§ 29** GBH LA1 + **§ 9** GBH LA2). Jetzt lernst du weitere unbestimmte Begleiter und Pronomen kennen.

♂	♀
algúnø amigo *(adj.)* algun**o** *(pron.)*	algun**a** amiga *(adj.)* algun**a** *(pron.)*
♂♂ algun**os** amigos *(adj.)* algun**os** *(pron.)*	♀♀ algun**as** amigas *(adj.)* algun**as** *(pron.)*
♂ **ningún**ø amigo *(adj.)* ningun**o** *(pron.)*	♀ ningun**a** amiga *(adj.)* ningun**a** *(pron.)*
♂♂ ningun**os** amigos *(adj.)* ningun**os** *(pron.)*	♀♀ ningun**as** amigas *(adj.)* ningun**as** *(pron.)*
♀♂ alguien *(pron.)*	

Alguno, -a entspricht dem deutschen *irgendeine, -er, -es*. Die verkürzte Form *algún* steht als Begleiter vor dem männlichen Substantiv im Singular. *Alguno* ist ein Pronomen und ersetzt als solches das Substantiv.

Ninguno, -a entspricht dem deutschen *keine, -er, -es*. Seine Formen ähneln *alguno*. Wenn *ninguno* nach dem Verb steht, verwendet man die doppelte Verneinung (**vgl. § 25 GBH LA2**).

Das Pronomen *alguien* entspricht dem deutschen *jemand* oder *irgendjemand*.

[√] **Verwende die richtigen unbestimmten Begleiter oder -pronomen.**

No hay (1) tren hacia Valladolid.
¿Hay (2) aquí?
(3) de ellos son simpáticos.
Hay (4) chicas que no tienen (5) maleta.
Tenéis que quedaros (6) días.

(1) ningún; (2) alguien; (3) algunos / ningunos; (4) algunas; (5) ninguna; (6) algunos

§30 *mientras, durante*

La diferencia entre *mientras* y *durante*
Der Unterschied zwischen *mientras* und *durante*

Mientras suben la escalera, la tía habla con Luis.
Ahora, **mientras** os preparo la cena, podéis ver el pueblo.
Nájera **durante** el año es el pueblo más aburrido del mundo.

Mientras → Gleichzeitigkeit (währenddessen) → os preparo la cena, podéis ver el pueblo.	**durante** → Zeitraum → el año
mientras + Verb	**durante + Nomen**

Sowohl *mientras* als auch *durante* werden im Deutschen mit *während* wiedergegeben.

[√] **Verwende *mientras* oder *durante*.**

He aprendido español (1) dos años.
Hablan sobre la familia (2) bailan.
Estoy en la costa (3) el verano.
Yo me bajo (4) el autobús se para.
(5) la cena todos hablan de la fiesta.

(1) durante; (2) mientras;
(3) durante; (4) mientras;
(5) durante

§31 *para mí, contigo*

Los pronombres personales con preposiciones
Die Personalpronomen nach Präpositionen

Ahora preparo **para vosotros** una cena.
Venid **conmigo**, os enseño las habitaciones.
Para ti y tu amiga tengo otra habitación.

Es para	**mí.**
¿No te gusta a	**ti?**
He hablado con	**él / ella / usted.**
El dinero es para	**nosotros / nosotras.**
Pienso en	**vosotros / vosotras.**
Los libros son de	**ellos / ellas / ustedes.**

Die Personalpronomen **nach Präpositionen** sind mit Ausnahme von *mí* und *ti* mit den Subjektpronomen identisch.

[!] Sonderformen:

—¿Vienes **conmigo** al cine?
—No, no voy **contigo**. Tengo que estudiar.
—Ella lleva **consigo** a los niños.

con + 1. Person Singular = **conmigo**
con + 2. Person Singular = **contigo**
con + 3. Person Singular = **consigo**

[!] Hoy no **te** he visto en clase de inglés. → Hoy no **te** he visto **a ti** en clase de inglés.
Heute habe ich dich … → **Dich** habe ich heute …

Nos gusta el mar. → **A nosotros nos** gusta el mar.
Das Meer gefällt uns. → **Uns** gefällt das Meer (wirklich gut).

Die betonten Personalpronomen können gebraucht werden, um die Aussage des Satzes zu verstärken.

[√] **Übersetze und verwende dabei betonte Personalpronomen.**

1. Die „tortilla“ ist für mich.
2. Wir haben mit ihnen geredet.
3. Kommst du mit mir?
4. Mit dir macht alles Spass.
5. Dich höre ich gut.

1. La tortilla es para mí.
2. Hemos hablado con ellos/ellas.
3. ¿Vienes conmigo?
4. Contigo todo es divertido.
5. A ti te oigo bien.

Unidad 7

§32 *salí, miré y comprendí*

Formación del pretérito indefinido (verbos regulares)
Bildung des *pretérito indefinido* (regelmäßige Verben)

¿**Hablaste** con papá?
Llegamos a Argentina y **salimos** del barco.
Los argentinos **nos recibieron** como a hermanos.

	habl**ar**	
Hace un mes	habl**é** habl**aste** habl**ó** habl**amos** habl**asteis** habl**aron**	con José.

	escrib**ir**	
En 1953	escrib**í** escrib**iste** escrib**ió** escrib**imos** escrib**isteis** escrib**ieron**	una carta.

	com**er**	
Ayer	com**í** com**iste** com**ió** com**imos** com**isteis** com**ieron**	en Buenos Aires.

[!] Damit die Aussprache der Konsonanten erhalten bleibt, ändert sich die Schreibung einiger Verben vor der Endung *-é*.

buscar → bus**qu**é, buscaste … -c- → qu [k]
empezar → empe**c**é, empezaste … -z- → c [θ]
llegar → lle**gu**é, llegaste … -g- → gu [g]

Bei Verben auf *-eer*, *-uir*, *-aer* und *-oír* verwandelt sich das unbetonte *i* zwischen zwei Vokalen in ein *y*:

caer → caí, caíste, ca**y**ó, caímos, caísteis, ca**y**eron
oír → oí, oíste, o**y**ó, oímos, oísteis, o**y**eron
leer → leí, leíste, le**y**ó, leímos, leísteis, le**y**eron

[√] **Übertrage diese Sätze ins *pretérito indefinido* und achte auf die Schreibweise.**

1. Salgo del barco.
2. Enviamos unas fotos con la carta.
3. Busco a una enfermera.
4. Te echo de menos.
5. ¿Saludáis a vuestro profesor?

1. Salí del barco.
2. Enviamos unas fotos con la carta.
3. Busqué a una enfermera.
4. Te eché de menos.
5. ¿Saludasteis a vuestro profesor?

§33 *hace dos días me duché, ayer me bañé*

Uso del pretérito indefinido
Gebrauch des *pretérito indefinido*

Llegamos **hace dos semanas.**
La semana pasada llevamos a Leopoldito a un hospital.
Ayer conocí a un señor.

Mit dem *pretérito indefinido* spricht man über vergangene Handlungen, die in einem klar umgrenzten Zeitraum der Vergangenheit stattfanden und abgeschlossen sind. Daher sind Zeitangaben wie *en octubre, el año / mes pasado, ayer, hace dos semanas, hace un mes* häufig Signalwörter für das *pretérito indefinido*.

Übersetze.

1. Vor zwei Tagen erzählte ich ihr alles.
2. Gestern machte ich mein Zimmer sauber.
3. Letzte Woche verstanden wir das Problem.
4. 1963 kam mein Vater nach Deutschland.
5. Im Januar fing das Jahr an.

1. Hace dos días le conté todo.
2. Ayer limpié mi habitación.
3. La semana pasada entendimos el problema.
4. En 1963 llegó mi padre a Alemania.
5. En enero empezó el año.

§34 *1980 – mil novecientos ochenta*

Los números a partir de mil
Die Zahlen ab eintausend

In § 24 GBH LA2 hast du bereits die Zahlen bis 1000 gelernt, jetzt lernst du noch weiter auf Spanisch zu zählen.

La dirección del primo Ignacio es Avenida de los Italianos **1058**.
En **1980** ó **1985** mi padre vivió con otra familia.

1000 **mil** 1001 **mil uno** 1099 **mil noventa y nueve** 1300 **mil trescientos**	Zwischen dem Tausender und dem Hunderter, Zehner oder Einer steht keine Präposition.
2000 **dos mil** 10 000 **diez mil** 83 000 **ochenta y tres mil**	Die Zahl 1000 lautet auf Spanisch *mil*. Das Wort *mil* bleibt unveränderlich, auch wenn die Rede von *dos mil, tres mil,* usw. ist.
La casa cuesta 231 000 euros. = doscient**os** treinta y **un** mil **euros** En esta ciudad viven 641 000 personas. = seiscient**as** cuarenta y **una** mil **personas**	Die Hunderttausenderzahlen sowie die Zahl Eintausend (*un / una mil*) werden an das Geschlecht des Substantivs angepasst. (Das kennst du bereits von den Hunderterzahlen und *uno / una* aus § 24.)

[!] Die Jahre zählt man im Spanischen anders als im Deutschen.
1972: neunzehnhundertzweiundsiebzig → mil novecientos setenta y dos

Außerdem verwendet man im Spanischen bei Jahreszahlen die Präposition *en*.

Ich bin **1995** geboren. → Nací **en 1995**.
(Im Jahr) **2003** kam ich nach Berlin. → **En 2003** llegué a Berlín.

[√] **Schreibe folgende Zahlen aus.**

1. 1371
2. 1982
3. 2012
4. 231 000 personas
5. 1230 metros
6. 41 181 euros
7. en 2010

1. mil trescientos setenta y uno
2. mil novecientos ochenta y dos
3. dos mil doce
4. doscientas treinta y una mil personas
5. mil doscientos treinta metros
6. cuarenta y un mil ciento ochenta y un euros
7. en dos mil diez

Unidad 8

§35 *fue y se divirtió* — Formas irregulares del pretérito indefinido / Unregelmäßige Formen des *pretérito indefinido*

Das *pretérito indefinido* der regelmäßigen Verben (vgl. § 32 GBH LA2) hast du schon gelernt. Hier lernst du das *pretérito indefinido* einiger unregelmäßiger Verben.

Desgraciadamente él **murió** el año pasado.
Primero **tuvimos** vacas.
Mis papás **pudieron** comprar unas tierras en Tupungato.

1. Gruppenverben mit Vokaländerung

	pedir (-i-/-i-)	
Ayer le	pedí pediste pidió pedimos pedisteis pidieron	ayuda a Marta.

Weitere Verben dieser Gruppe sind z. B. *seguir, servir, repetir, elegir* und *despedirse*.

	preferir (-ie-/-i-)	
En agosto	preferí preferiste prefirió preferimos preferisteis prefirieron	ir a Málaga.

Weitere Verben dieser Gruppe sind z. B. *divertirse* und *sentir(se)*.

	dormir (-ue-/-u-)	
Ayer	dormí dormiste durmió dormimos dormisteis durmieron	todo el día.

Ein weiteres Verb dieser Gruppe ist *morir*.

[!] Nicht alle Verben einer Gruppe ändern im *pretérito indefinido* ihren Stammvokal. Im *diccionario* des Schülerbuchs und in den Verbtabellen des GBH (S. 40–45) sind die Verben entsprechend gekennzeichnet, z. B. *sentirse (-ie-/-i-)*. Die Angaben in Klammern hinter dem Verb beziehen sich erstens auf den Vokalwechsel im Präsens und zweitens auf den Vokalwechsel im *pretérito indefinido* und *gerundio*.

2. Unregelmäßige Formen

dar	**di**, **di**ste …	poner	**pus**e, **pus**iste …
decir	**dij**e, **dij**iste …	querer	**quis**e, **quis**iste …
estar	**estuv**e, **estuv**iste …	saber	**sup**e, **sup**iste …
hay (haber)	**hubo**	tener	**tuv**e, **tuv**iste …
hacer	**hic**e, **hic**iste …	traer	**traj**e, **traj**iste …
ir/ser	**fu**i, **fu**iste …	venir	**vin**e, **vin**iste …
poder	**pud**e, **pud**iste …		

[!] In den Verbtabellen auf S. 40 – 45 kannst du alle unregelmäßigen Verbformen nachschlagen.

[√] **Übertrage diese Sätze ins *pretérito indefinido*.**

1. Stefanie repite la pregunta.
2. Mi madre duerme mucho.
3. Yo puedo oírles.
4. ¿Estáis en la habitación?
5. Ustedes me creen.
6. ¿Qué dices?

1. Stefanie repitió la pregunta. – 2. Mi madre durmió mucho. – 3. Yo pude oírles. – 4. ¿Estuvisteis en la habitación? – 5. Ustedes me creyeron. – 6. ¿Qué dijiste?

§36 *naturalmente* — Adverbios terminados en *-mente* / Abgeleitete Adverbien mit der Endung *-mente*

Desgraciadamente él murió el año pasado.
Naturalmente te deseo mucha suerte.
Rápidamente compró tierras.

rápido, -a	→	rápida**mente**
último, -a	→	última**mente**
natural	→	natural**mente**
actual	→	actual**mente**

Die Endung *-mente* wird an die feminine Singularform des Adjektivs angehängt. Wird das Adjektiv mit Akzent geschrieben, so behält auch das Adverb den Akzent. Oft entsprechen Adverbien auf *-mente* den deutschen Adverbien auf *-weise* (*normalerweise*).

Im Deutschen verwenden wir in der Regel dieselben Formen für Adjektiv und Adverb. Denke daran, dass es im Spanischen unterschiedliche Formen gibt.

Los Alonso son muy **amables**.	→	Se despidieron **amablemente**.
Él es un hombre muy **normal**.	→	Él ha hablado **normalmente.**
Tiene un coche **rápido**.	→	Él ha venido **rápidamente** en su coche.

Adverbien können sich auf ein Verb, ein Adjektiv, ein anderes Adverb oder einen ganzen Satz beziehen.

☑ **Übersetze und verwende dabei die Adverbien der genannten Adjektive.**

1. Er spricht offen (abierto).
2. Ich esse ganz ruhig (tranquilo).
3. Er singt auf eine traurige Weise (triste).
4. Wir wählen das Essen frei (libre).
5. Michael arbeitet hart (duro).

1. Él habla abiertamente.
2. Como (muy) tranquilamente.
3. Canta tristemente.
4. Elegimos la comida libremente.
5. Michael trabaja duramente.

Unidad 9

§37 *me lo, se las* — Dos pronombres de objeto con el verbo / Zwei Objektpronomen beim Verb

Die indirekten Objektpronomen oder Dativpronomen (§ 31 GBH LA1 + § 5 GBH LA2) und die direkten Objektpronomen oder Akkusativpronomen (§ 16 GBH LA2) kennst du bereits. Hier lernst du, wie man beide zusammen verwendet.

Os he traído hoy una historia muy especial, y **nos la** está contando Cristina.
Encontraste una carta vieja y no **se la** enseñaste a nadie.
Tienes muchas preguntas. Pregúnta**selas** a Marcelo.

Achte auf den Akzent wenn zwei Pronomen an das Verb angehängt werden.

¡Dale el regalo a Ana! → **Dá**selo.

Das Reflexivpronomen steht immer an erster Stelle, vor dem Akkusativ- oder Dativpronomen.

Te doy **una sorpresa**. → **Te la** doy.
Nos han traído **las tartas**. → **Nos las** han traído.
Marcelo **os** envía **saludos**. → Mario **os los** envía.

Stehen zwei Pronomen zusammen, so steht das indirekte vor dem direkten Objektpronomen, also Dativ vor Akkusativ!

Le doy **los libros a Cristina.** → **Se los** doy. ¡Envía**le las cartas**! → ¡Envía**selas**!	le/les + lo = **se** lo le/les + la = **se** la le/les + los = **se** los le/les + las = **se** las	Stehen zwei Objektpronomen der 3. Person zusammen, so wird das indirekte Objektpronomen *le/les* zu *se*.

[!] **Me** pongo **esta camiseta.** → **Me la** pongo.
Tengo que poner**me el vestido.** → **Me lo** tengo que poner./Tengo que ponér**melo**.

Vgl. § 22 GBH LA2:

[√] **Ersetze die unterstrichenen Wörter durch Pronomen.**

1. Anke nos da <u>un regalo</u>.
2. Mi novia le compra <u>un abrigo</u>.
3. Paul escribe <u>la carta</u> <u>a su novia</u>.
4. Voy a escribirte <u>un e-mail</u>.
5. ¡Enseña <u>la carta</u> <u>al abuelo</u>!

1. Anke nos lo da.
2. Mi novia se lo compra.
3. Paul se la escribe.
4. Te lo voy a escribir./Voy a escribírtelo.
5. ¡Enséñasela!

§38 *llegó ayer y hoy no lo he visto*

El uso del pretérito perfecto y del pretérito indefinido
Gebrauch von *pretérito perfecto* und *pretérito indefinido*

Hier wird der unterschiedliche Gebrauch der Zeiten *pretérito perfecto* (§ 28 GBH LA1 + § 1 GBH LA2) und *pretérito indefinido* (§§ 32–33 GBH LA2) verdeutlicht.

Hoy he hablado con Katia. **Esta mañana** he ido a Hamburgo. **Nunca** he visto a una persona tan guapa como tú. Te he ayudado **siempre**, Tobias. ¿Has llamado **ya** a tu amigo?	**Ayer** hablé con Katia. **En el año 1949** llegué a Argentina. **Hace dos años** vi a Juanes en España. Me ayudaste **antes del** examen. Llamé a tu amigo **la semana pasada**.
Man verwendet das *pretérito perfecto* für vergangene Handlungen, die noch in Verbindung (inhaltlich oder zeitlich) mit der Gegenwart stehen. Signalwörter sind Zeitangaben, die auf einen andauernden Zeitraum hinweisen wie *hoy, este año, todavía, en mi vida, nunca,* usw.	Dagegen verwendet man das *pretérito indefinido* für Handlungen, die man als völlig abgeschlossen betrachtet, besonders wenn ein genauer Zeitraum in der Vergangenheit (*hace un año, en 1999,* usw.) angegeben wird.

Entscheide dich für *pretérito perfecto* oder *indefinido*.

1. Ayer (usted, beber) agua sin gas.
2. Este mes (vosotros, estudiar) mucho.
3. Hace tres días (ella, discutir) conmigo.
4. Nunca (yo, ducharme) por la noche.
5. La semana pasada yo (pagar).
6. ¿Alba, ya (ver) a Cristina y Luis?

1. bebió
2. habéis estudiado
3. discutió
4. me he duchado
5. pagué
6. has visto

Unidad 10

§39 *Yo veré y tú me escribirás*

Formación y uso del futuro simple
Bildung und Gebrauch des Futurs

Du weißt bereits, dass man mit *ir a* + Infinitiv über Zukünftiges sprechen und eine Absicht äußern kann: *voy a viajar* (**§ 21 GBH LA1 + § 3** GBH LA2). Hier lernst du die andere Form des Futurs kennen!

Ya no **hablarán** por la noche, ni Cristina la **ayudará** con los deberes.
Me **escribirás** pronto y me **contarás** cómo te va, ¿eh?
¿Volverás en Navidades?

	Verben auf -ar	
Mañana	habla**ré** habla**rás** habla**rá** habla**remos** habla**réis** habla**rán**	con él.

	Verben auf -er	
En Navidades	ve**ré** ve**rás** ve**rá** ve**remos** ve**réis** ve**rán**	a Laura.

	Verben auf -ir	
La semana próxima	escribi**ré** escribi**rás** escribi**rá** escribi**remos** escribi**réis** escribi**rán**	una carta.

Um das *futuro simple* zu bilden, hängt man an den Infinitiv des Verbs die Endungen *-é / -ás / -á / -emos / -éis / -án*. Die Endungen sind für alle Verben dieselben.

Verben mit unregelmäßigem Stamm:

decir	**dir**é, **dir**ás…
hacer	**har**é, **har**ás…
poder	**podr**é, **podr**ás…
poner	**pondr**é, **pondr**ás…
querer	**querr**é, **querr**ás…
saber	**sabr**é, **sabr**ás…
salir	**saldr**é, **saldr**ás…
tener	**tendr**é, **tendr**ás…

[!] Man kann sich gut vorstellen, dass diese unregelmäßigen Formen im Laufe der Zeit dadurch entstanden sind, dass man beim schnellen Sprechen die Aussprache vereinfacht hat. So geht es viel leichter! Probiert es einmal aus!

Este año **iremos** a Berlín.
Dieses Jahr werden wir nach Berlin fahren.

En Navidades **estaré** en Alemania.
An Weihnachten werde ich in Deutschland sein.

Das *futuro simple* wird hauptsächlich verwendet, um auszudrücken, dass etwas in der Zukunft geschehen wird.

—¿Dónde **estará Laura** en este momento?
„Wo Laura wohl gerade ist?"

—**Estará** en casa.
„Sie wird wohl zu Hause sein."

Außerdem kann man damit Vermutungen äußern, die sich auch auf die Gegenwart beziehen können.

[√] **Schreibe diese Sätze mit dem Verb im *futuro simple*.**

1. Laura escribe un e-mail.
2. Fuimos al cine y vimos a Gabriel.
3. ¿Qué haces? ¿Quieres estudiar?
4. Usted me ha llamado por teléfono.
5. ¿Dónde está Mario? ¿Está enfadado?

1. Laura escribirá un e-mail.
2. Iremos al cine y veremos a Gabriel.
3. ¿Qué harás? ¿Querrás estudiar?
4. Usted me llamará por teléfono.
5. ¿Dónde estará Mario? ¿Estará enfadado?

Merkmale des lateinamerikanischen Spanisch

Obwohl das Spanisch, das in Spanien gesprochen wird, und das Spanisch Lateinamerikas fast identisch sind, gibt es einige wichtige Unterschiede. Die hier beschriebenen Besonderheiten musst du nicht selbst anwenden können. Sie helfen dir aber, Menschen aus Lateinamerika und lateinamerikanische Texte zu verstehen.

1 *vos tenés* — El voseo / Der Voseo

Pero todo es como **vos** dijiste en el e-mail.
Para nosotros, que no hemos tenido hijos, **vos** vas a ser como una hija.
Aquí **encontrás** las mejores cosas y las peores.
Tenés que venir y verlo.

En Latinoamérica se dice...	En España se dice...
¿Y **vos** quién **sos**? A **vos** no **te** conozco. ¿Me **prestás tu** libro? **Tenés** que levantar**te** a las seis.	¿Y **tú** quién **eres**? A **ti** no **te** conozco. ¿Me **prestas tu** libro? **Tienes** que levantar**te** a las seis.

In manchen Regionen Lateinamerikas, zum Beispiel in Argentinien, in Teilen Kolumbiens oder in Uruguay, wird als Personalpronomen der 2. Person Singular *vos* statt *tú* benutzt.

	hablar	**comer**	**abrir**
tú, presente	hablás	comés	abrís
tú, imperativo	hablá	comé	abrí

Auch die Verbform im Präsens ist für die 2. Person Singular anders als in Spanien. Die Objektpronomen, sowie die Possessiv- und Reflexivpronomen sind dagegen gleich wie im Spanischen.

2 *vosotros o ustedes* — La segunda persona de plural / Die 2. Person Plural

¿Por qué no **vienen ustedes** en vacaciones?
¡Qué suerte **tienen ustedes**!

En Latinoamérica se dice...	En España se dice...
¿Cuántos hermanos **son ustedes**? ¿Por qué no **vienen ustedes** en vacaciones? Aquí unas fotos: **se** las envio con la carta.	¿Cuántos hermanos **sois vosotros**? ¿Por qué no **venís vosotros** en vacaciones? Aquí unas fotos: **os** las envío con la carta.

Im Spanischen Lateinamerikas gibt es keine Verbform für die 2. Person Plural. Statt *vosotros* wird auch bei bekannten Personen *ustedes* benutzt. Auch Pronomen der 2. Person Plural werden nicht verwendet.

3 *¡Pucha!* — El vocabulario / Der Wortschatz

Hola, **gallega**.
Mis papás leyeron tu e-mail y, **pucha**, dijeron que no somos parientes.

En Latinoamérica se dice...	En España se dice...
gallego, gallega *(arg.)* ¡Pucha! *(arg.)* una banana la manteca	español, española ¡Jo!; ¡Madre mía! un plátano la mantequilla

Das lateinamerikanische Spanisch weist auch einige Besonderheiten im Hinblick auf den Wortschatz auf. Es gibt Wörter, die Spanier nicht gebrauchen oder die in Spanien eine andere Bedeutung haben. Aber auch zwischen den einzelnen Ländern in Lateinamerika gibt es große Bedeutungsunterschiede bezüglich des Wortschatzes.

Verbtabellen

Die folgenden Tabellen geben dir einen Überblick über die Verbkonjugationen. Unter „Regelmäßige Verben“ findest du alle regelmäßigen Verbformen, die in *Línea amarilla 1* und *2* vorkommen. Unter „Verben mit orthografischen Änderungen, Gruppenverben und unregelmäßige Verben“ findest du in alphabetischer Reihenfolge alle in *Línea amarilla 1* und *2* vorkommenden Verben, die vom regelmäßigen Schema abweichen. Bei einigen Verben wird auf das Konjugationsmuster von anderen Verben verwiesen, weil sie gleich konjugiert werden. Die Angaben in Klammern hinter den Verben beziehen sich auf das Konjugationsmuster im Präsens (an erster Stelle) und das Konjugationsmuster im *gerundio* und *pretérito indefinido* (an zweiter Stelle).

Regelmäßige Verben

Verben auf *-ar*

presente	pretérito indefinido	futuro simple	imperativo
trabajo	trabajé	trabajaré	trabaja
trabajas	trabajaste	trabajarás	trabajad
trabaja	trabajó	trabajará	**participio**
trabajamos	trabajamos	trabajaremos	trabajado
trabajáis	trabajasteis	trabajaréis	**gerundio**
trabajan	trabajaron	trabajarán	trabajando

Verben auf *-er*

presente	pretérito indefinido	futuro simple	imperativo
como	comí	comeré	come
comes	comiste	comerás	comed
come	comió	comerá	**participio**
comemos	comimos	comeremos	comido
coméis	comisteis	comeréis	**gerundio**
comen	comieron	comerán	comiendo

Verben auf *-ir*

presente	pretérito indefinido	futuro simple	imperativo
vivo	viví	viviré	vive
vives	viviste	vivirás	vivid
vive	vivió	vivirá	**participio**
vivimos	vivimos	viviremos	vivido
vivís	vivisteis	viviréis	**gerundio**
viven	vivieron	vivirán	viviendo

Reflexive Verben

presente	pretérito indefinido	futuro simple
me lavo te lavas se lava nos lavamos os laváis se lavan	me lavé te lavaste se lavó nos lavamos os lavasteis se lavaron	me lavaré te lavarás se lavará nos lavaremos os lavaréis se lavarán

auf *-ar*	auf *-er*	auf *-ir*
imperativo	**imperativo**	**imperativo**
lávate lavaos	pónte poneos	súbete subíos
participio	**participio**	**participio**
lavado	puesto	subido
gerundio	**gerundio**	**gerundio**
lavándose	poniéndose	subiéndose

Verben mit orthografischen Änderungen, Gruppenverben und unregelmäßige Verben

1. **abrir** regelmäßig, mit Ausnahme des Partizips: **abierto**
2. **acostarse** wie 9. contar, aber reflexiv (imperativo: acuéstate, acostaos; gerundio: acostándose)
3. **buscar** (c-qu)

presente	pretérito indefinido	imperativo
busco	busqué	busca
buscas	buscaste	buscad
busca	buscó	**participio**
buscamos	buscamos	buscado
buscáis	buscasteis	**gerundio**
buscan	buscaron	buscando

4. **caer**

presente	pretérito indefinido	imperativo
caigo	caí	cae
caes	caíste	caed
cae	cayó	**participio**
caemos	caímos	caído
caéis	caísteis	**gerundio**
caen	cayeron	cayendo

5. **caerse** wie 4. caer, aber reflexiv
6. **cerrar** wie 49. pensar
7. **colgar** wie 37. jugar
8. **conocer** (-zco)

presente de indicativo	pretérito indefinido	imperativo
conozco	conocí	conoce
conoces	conociste	conoced
conoce	conoció	**participio**
conocemos	conocimos	conocido
conocéis	conocisteis	**gerundio**
conocen	conocieron	conociendo

9. **contar** (-ue-)

presente de indicativo	pretérito indefinido	imperativo
cuento	conté	cuenta
cuentas	contaste	contad
cuenta	contó	**participio**
contamos	contamos	contado
contáis	contasteis	**gerundio**
cuentan	contaron	contando

10. **costar** wie 9. contar
11. **crecer** wie 8. conocer
12. **creer** wie 38. leer
13. **cruzar** (z-c)

presente de indicativo	pretérito indefinido	imperativo
cruzo	crucé	cruza
cruzas	cruzaste	cruzad
cruza	cruzó	**participio**
cruzamos	cruzamos	cruzado
cruzáis	cruzasteis	**gerundio**
cruzan	cruzaron	cruzando

14. dar

presente de indicativo	pretérito indefinido	imperativo
doy	di	da
das	diste	dad
da	dio	**participio**
damos	dimos	dado
dais	disteis	**gerundio**
dan	dieron	dando

15. decir

presente de indicativo	pretérito indefinido	imperativo
digo	dije	di
dices	dijiste	decid
dice	dijo	**participio**
decimos	dijimos	dicho
decís	dijisteis	**gerundio**
dicen	dijeron	diciendo

16. dedicar wie 3. buscar

17. describir regelmäßig, mit Ausnahme des Partizips: **descrito**

18. despedirse wie 48. pedir, aber reflexiv (imperativo: despídete, despedíos; gerundio: despidiéndose)

19. despertarse wie 49. pensar, aber reflexiv (imperativo: despiértate, despertaos; gerundio: despertándose)

20. divertirse wie 55. preferir, aber reflexiv (imperativo: diviértete, divertíos; gerundio: divirtiéndose)

21. dormir (-ue-/-u-)

presente de indicativo	pretérito indefinido	imperativo
duermo	dormí	duerme
duermes	dormiste	dormid
duerme	durmió	**participio**
dormimos	dormimos	dormido
dormís	dormisteis	**gerundio**
duermen	durmieron	durmiendo

23. dormirse wie 21. dormir, aber reflexiv (imperativo: duérmete, dormíos; gerundio: durmiéndose)

24. elegir (-i-/g-j)

presente de indicativo	pretérito indefinido	imperativo
elijo	elegí	elige
eliges	elegiste	elegid
elige	eligió	**participio**
elegimos	elegimos	elegido
elegís	elegisteis	**gerundio**
eligen	eligieron	eligiendo

25. empezar (-ie-/z-c)

presente de indicativo	pretérito indefinido	imperativo
empiezo	empecé	empieza
empiezas	empezaste	empezad
empieza	empezó	**participio**
empezamos	empezamos	empezado
empezáis	empezasteis	**gerundio**
empiezan	empezaron	empezando

26. encontrar wie 9. contar

27. encontrarse wie 9. contar, aber reflexiv

28. entender (-ie-)

presente de indicativo	pretérito indefinido	imperativo
entiendo	entendí	entiende
entiendes	entendiste	entended
entiende	entendió	**participio**
entendemos	entendimos	entendido
entendéis	entendisteis	**gerundio**
entienden	entendieron	entendiendo

29. enviar

presente de indicativo	pretérito indefinido	imperativo
envío	envié	envía
envías	enviaste	enviad
envía	envió	**participio**
enviamos	enviamos	enviado
enviáis	enviasteis	**gerundio**
envían	enviaron	enviando

30. escribir regelmäßig, mit Ausnahme des Partizips: **escrito**

31. estar

presente de indicativo	pretérito indefinido	imperativo
estoy	estuve	estate
estás	estuviste	estad
está	estuvo	**participio**
estamos	estuvimos	estado
estáis	estuvisteis	**gerundio**
están	estuvieron	estando

32. explicar wie 3. buscar

33. haber

presente de indicativo	pretérito indefinido	imperativo
he	hube	___
has	hubiste	
ha/hay (es gibt)	hubo	**participio**
hemos	hubimos	**gerundio**
habéis	hubisteis	**gerundio**
han	hubieron	habiendo

34. hacer

presente de indicativo	pretérito indefinido	imperativo
hago	hice	haz
haces	hiciste	haced
hace	hizo	**participio**
hacemos	hicimos	hecho
hacéis	hicisteis	**gerundio**
hacen	hicieron	haciendo

35. ir

presente de indicativo	pretérito indefinido	imperativo
voy	fui	ve
vas	fuiste	id
va	fue	**participio**
vamos	fuimos	ido
vais	fuisteis	**gerundio**
van	fueron	yendo

36. irse wie 35. ir, aber reflexiv

37. jugar (-ue-/g-gu)

presente de indicativo	pretérito indefinido	imperativo
juego	jugué	juega
juegas	jugaste	jugad
juega	jugó	**participio**
jugamos	jugamos	jugado
jugáis	jugasteis	**gerundio**
juegan	jugaron	jugando

38. leer

presente de indicativo	pretérito indefinido	imperativo
leo	leí	lee
lees	leíste	leed
lee	leyó	**participio**
leemos	leímos	leído
leéis	leísteis	**gerundio**
leen	leyeron	leyendo

39. llegar (g-gu)

presente de indicativo	pretérito indefinido	imperativo
llego	llegué	llega
llegas	llegaste	llegad
llega	llegó	**participio**
llegamos	llegamos	llegado
llegáis	llegasteis	**gerundio**
llegan	llegaron	llegando

40. llover (-ue-)

presente de indicativo	pretérito indefinido	imperativo
___	___	___
___	___	___
llueve	llovió	**participio**
___	___	llovido
___	___	**gerundio**
___	___	lloviendo

41. morir wie 21. dormir mit Ausnahme des Partizips: **muerto**

42. nacer wie 8. conocer

43. nevar wie 49. pensar

44. ofrecer wie 8. conocer

45. **oír**

presente de indicativo	pretérito indefinido	imperativo
oigo	oí	oye
oyes	oíste	oíd
oye	oyó	**participio**
oímos	oímos	oído
oís	oísteis	**gerundio**
oyen	oyeron	oyendo

46. **pagar** wie 39. llegar
47. **parecer** wie 8. conocer
48. **pedir** (-i-)

presente de indicativo	pretérito indefinido	imperativo
pido	pedí	pide
pides	pediste	pedid
pide	pidió	**participio**
pedimos	pedimos	pedido
pedís	pedisteis	**gerundio**
piden	pidieron	pidiendo

49. **pensar** (-ie-)

presente de indicativo	pretérito indefinido	imperativo
pienso	pensé	piensa
piensas	pensaste	pensad
piensa	pensó	**participio**
pensamos	pensamos	pensado
pensáis	pensasteis	**gerundio**
piensan	pensaron	pensando

50. **perder** wie 28. entender
51. **poder**

presente de indicativo	pretérito indefinido	imperativo
puedo	pude	puede
puedes	pudiste	poded
puede	pudo	**participio**
podemos	pudimos	podido
podéis	pudisteis	**gerundio**
pueden	pudieron	pudiendo

52. **poner**

presente de indicativo	pretérito indefinido	imperativo
pongo	puse	pon
pones	pusiste	poned
pone	puso	**participio**
ponemos	pusimos	puesto
ponéis	pusisteis	**gerundio**
ponen	pusieron	poniendo

53. **ponerse** wie 52. poner, aber reflexiv
54. **practicar** wie 3. buscar
55. **preferir** (-ie-/-i-)

presente de indicativo	pretérito indefinido	imperativo
prefiero	preferí	prefiere
prefieres	preferiste	preferid
prefiere	prefirió	**participio**
preferimos	preferimos	preferido
preferís	preferisteis	**gerundio**
prefieren	prefirieron	prefiriendo

56. **probar** wie 9. contar
57. **probarse** wie 9. contar, aber reflexiv
58. **proponer** wie 52. poner
59. **publicar** wie 3. buscar
60. **querer**

presente de indicativo	pretérito indefinido	imperativo
quiero	quise	quiere
quieres	quisiste	quered
quiere	quiso	**participio**
queremos	quisimos	querido
queréis	quisisteis	**gerundio**
quieren	quisieron	queriendo

61. **recordar** wie 9. contar
62. **repetir** wie 48. pedir
63. **saber**

presente de indicativo	pretérito indefinido	imperativo
sé	supe	sabe
sabes	supiste	sabed
sabe	supo	**participio**
sabemos	supimos	sabido
sabéis	supisteis	**gerundio**
saben	supieron	sabiendo

64. **sacar** wie 3. buscar

65. salir

presente de indicativo	pretérito indefinido	imperativo
salgo	salí	sal
sales	saliste	salid
sale	salió	**participio**
salimos	salimos	salido
salís	salisteis	**gerundio**
salen	salieron	saliendo

66. seguir (-i-/gu-g)

presente de indicativo	pretérito indefinido	imperativo
sigo	seguí	sigue
sigues	seguiste	seguid
sigue	siguió	**participio**
seguimos	seguimos	seguido
seguís	seguisteis	**gerundio**
siguen	siguieron	siguiendo

67. sentarse wie 49. pensar, aber reflexiv (imperativo: siéntate, sentaos; gerundio: sentándose)

68. sentirse wie 55. preferir, aber reflexiv (imperativo: siéntete, sentíos; gerundio: sintiéndose)

69. ser

presente de indicativo	pretérito indefinido	imperativo
soy	fui	sé
eres	fuiste	sed
es	fue	**participio**
somos	fuimos	sido
sois	fuisteis	**gerundio**
son	fueron	siendo

70. servir wie 48. pedir
71. significar wie 3. buscar
72. sonar wie 9. contar
73. soñar wie 9. contar
74. tener

presente de indicativo	pretérito indefinido	imperativo
tengo	tuve	ten
tienes	tuviste	tened
tiene	tuvo	**participio**
tenemos	tuvimos	tenido
tenéis	tuvisteis	**gerundio**
tienen	tuvieron	teniendo

75. tocar wie 3. buscar
76. traer

presente de indicativo	pretérito indefinido	imperativo
traigo	traje	trae
traes	trajiste	traed
trae	trajo	**participio**
traemos	trajimos	traído
traéis	trajisteis	**gerundio**
traen	trajeron	trayendo

77. venir

presente de indicativo	pretérito indefinido	imperativo
vengo	vine	ven
vienes	viniste	venid
viene	vino	**participio**
venimos	vinimos	venido
venís	vinisteis	**gerundio**
vienen	vinieron	viniendo

78. ver

presente de indicativo	pretérito indefinido	imperativo
veo	vi	ve
ves	viste	ved
ve	vio	**participio**
vemos	vimos	visto
veis	visteis	**gerundio**
ven	vieron	viendo

79. volver (-ue-)

presente de indicativo	pretérito indefinido	imperativo
vuelvo	volví	vuelve
vuelves	volviste	volved
vuelve	volvió	**participio**
volvemos	volvimos	vuelto
volvéis	volvisteis	**gerundio**
vuelven	volvieron	volviendo

Deutsch-spanisches Verzeichnis grammatischer Ausdrücke

ein Adjektiv	un adjetivo	moderno, -a; interesante
ein Adverb	un adverbio	bien, hoy, normalmente
ein Akzent	un acento	tú, alemán
eine Apokope	el apócope *(f.)*	bueno, -a → un **buen** restaurante
ein Artikel	un artículo	
ein bestimmter Artikel	un artículo definido	**el** pueblo, **los** pueblos, **la** playa, **las** playas
ein unbestimmter Artikel	un artículo indefinido	**un** chico, **una** chica
ein Ausruf	una exclamación	¡Ten cuidado!
ein Ausrufezeichen	un signo de exclamación	¡Hola!
die Aussprache	la pronunciación	
ein Begleiter (siehe Demonstrativ~, Possessiv~, indefiniter ~)		
ein Demonstrativbegleiter	un adjetivo demostrativo	**este** / **ese** / **aquel** libro; **estas** / **esas** / **aquellas** manzanas
ein Demonstrativpronomen	un pronombre demostrativo	—¿Qué cine? —**Éste** / **Ése** / **Aquél**.
ein Diphthong (Zwielaut, vgl. Vokal)	un diptongo	[ai], [ei], [au], [ja], [je], [wa], [we], ...
die Diphthongierung	la diptongación	pensar → **pienso**
das Femininum (vgl. Maskulinum)	el (género) femenino	(una) chica, (la) ciudad
ein Frageadverb	un adverbio interrogativo	¿dónde?, ¿cuándo?, ¿cómo?, ¿por qué?
ein Fragebegleiter	un determinante interrogativo	¿**qué** pueblo?, ¿**cuánto** dinero?
ein Fragepronomen	un pronombre interrogativo	¿**Qué** haces? ¿**Quién** es? ¿**Cuál** quieres?
ein Fragezeichen	un signo de interrogación	¿Qué tal?
das Gerundium	el gerundio	Los chicos **están tomando** el sol.
das Geschlecht (Femininum, Maskulinum)	el género	
eine Grundzahl (vgl. Ordnungszahl)	un número cardinal	uno, dos, tres, ...
ein Hauptsatz (vgl. Nebensatz)	una oración principal	**Tengo un trabajo** que me gusta. **Ella cree** que no van a venir.
ein Hilfsverb	un verbo auxiliar	querer (+ Infinitiv); estar (+ Gerundium); haber (+ Partizip Perfekt)
der (bejahte) Imperativ	el imperativo (afirmativo)	¡Mira! ¡Ven!
das Indefinido	el pretéritio indefinido	Ayer **fuimos** al cine.
ein indefiniter Begleiter	un adjetivo indefinido	**mucha** / **poca** / **bastante** gente

ein indefinites Pronomen	un pronombre indefinido	**Algunos** van, **otros** no.
die indirekte Rede	el estilo indirecto	Dice **que no ha hecho los deberes**.
der Infinitiv	el infinitivo	hablar, beber, salir
ein Komma	una coma	,
der Komparativ (vgl. Superlativ)	el comparativo	Soy **más alto que** tú.
die Konjugation	la conjugación	ver: veo, ves, ve, …
eine Konjunktion	una conjunción	y, o, cuando, que, si, …
ein Konsonant (vgl. Vokal)	una consonante	[k], [g], [β], [θ], …
ein Laut	un sonido	
das Maskulinum (vgl. Femininum)	el (género) masculino	(un) chico, (el) vestido
ein Nebensatz (vgl. Hauptsatz, Objektsatz, Relativsatz)	una oración subordinada	Tengo un trabajo **que me gusta**. Ella cree **que no van a venir**.
ein neutrales Pronomen	un pronombre neutro	—¿Qué vas a hacer? —No **lo** sé.
ein Objekt (vgl. Subjekt)	un complemento, un objeto	
ein direktes Objekt	un complemento directo	Mario manda **un mensaje** a Pablo.
ein indirektes Objekt	un complemento indirecto	Mario manda un mensaje **a Pablo**.
ein Objektpronomen	un pronombre de objeto	No **me** / **te** / **le** / **nos** / **os** / **les** gusta. No **te** / **lo** / **la** / **os** / **los** / **las** conozco.
ein Objektsatz	una subordinada de objeto directo	Ellos piensan **que Anita es guapa**.
eine Ordnungszahl (vgl. Grundzahl)	un número ordinal	primer, -o, -a; segundo, -a; tercer, -o, -a …
ein Partizip Perfekt	un participio pasado	buscado, tenido, hecho, visto
das Perfekt	el pretérito perfecto	Hoy **han desayunado** a las diez.
die Person	la persona	
die erste Person	la primera persona	yo soy, nosotros somos
die zweite Person	la segunda persona	tú eres, vosotros sois
die dritte Person	la tercera persona	él / ella / usted es, ustedes / ellos son
ein Personalpronomen (Subjekt-, Objekt-, Reflexivpronomen)	un pronombre personal	yo, tú, él, … / me, te, le, …
der Plural (vgl. Singular)	el plural	la playa → **las playas**
ein Possessivbegleiter	un adjetivo posesivo	**mi** / **tu** / **su** / **nuestro** / … amigo
eine Präposition	una preposición	a, de, con, en, para, …
das Präsens (die Gegenwart)	el presente	**Somos** de Valladolid.
ein Pronomen (Subjekt~, Objekt~, Reflexiv~)	un pronombre	él, ella, le, lo, la, …
die Rechtschreibung	la ortografía	

ein reflexives Verb	un verbo reflexivo	levantarse, ducharse, irse
ein Reflexivpronomen	un pronombre reflexivo	**me** voy, **te** vas, **se** va, …
ein Relativpronomen	un pronombre relativo	una ciudad **que** no conozco
ein Relativsatz	una oración de relativo	Tengo un trabajo **que me gusta.**
ein Satz	una oración, una frase	
eine Silbe	una sílaba	miér-co-les, es-ta-mos
der Singular (vgl. Plural)	el singular	**la playa** → las playas
die Steigerung (vgl. Komparativ)	el comparativo	Mario es **más grande que** Cristina.
die Stellung	la colocación	
ein Subjekt (vgl. Objekt)	un sujeto	**Mario** manda un mensaje a Laura.
ein Subjektpronomen (vgl. Objektpronomen)	un pronombre de sujeto	**yo** sé, **tú** sabes, **él** sabe, …
ein Substantiv	un sustantivo	museo, ciudad, bocadillo
der Superlativ (vgl. Komparativ)	el superlativo	
der absolute Superlativ	el superlativo absoluto	dificilísimo
der relative Superlativ	el superlativo relativo	el trabajo **más difícil** del mundo
das Tempus	el tiempo verbal / del verbo	
ein Verb	un verbo	bailar, hacer, divertirse
ein regelmäßiges Verb	un verbo regular	hablar (hablo, hablas, habla, …)
ein unregelmäßiges Verb	un verbo irregular	ser (soy, eres, es, …)
eine Verbalperiphrase	una perífrasis verbal	**Acabo de recibir** la noticia.
der Vergleich (vgl. Steigerung)	la comparación	La chica es **tan grande como** el chico.
die Verneinung	la negación	Escuchan. → **No** escuchan.
die doppelte Verneinung	la doble negación	**No** escuchan **nunca.**
ein Vokal (vgl. Konsonant)	una vocal	[a], [e], [i], [o], [u]
eine Vokaländerung	un cambio de vocal	pedir → pido
die Zahl (Singular, Plural)	el número	
die Zeichensetzung	la puntuación	
die Zukunft	el futuro	
die nahe Zukunft	el futuro próximo	**Voy a comprar** una camiseta.
die einfache Zukunft	el futuro simple	Cristina **ayudará** a Laura.